新装版

高齢者の手あそび・指あそび&足体操

毎日元気！歌と身近な
道具で楽しむベスト40

原田律子【編著】

いかだ社

 はじめに

　脳も元気！　手足も元気！　毎日元気！
　お元気ですか？　手の指、足の指をまげたり動かしたりしていますか？
　私たちが身体の老化を防ぐのにまず大切なのは、手の指、足の指を効果的に動かすことです。
　「なーんだ、それなら毎日動かしているよ」という人がいるかもしれません。確かに私たちの日常生活で最も使っているのが、足の指であり、手の指です。しかし、漠然と使うことと、きたえることには大きな違いがあります。そして、この手足の指先をきたえることが、脳の活性化につながり、ひいては老化の防止の決め手となるのです。

　そこで、この本では無理をしないで、手の指、足の指をきたえる方法を考えました。
　何事もやっていて楽しくなくてはつづきません。グループでやったり、1人で歌をうたいながらやれる手足の指体操——それがこの本のテーマです。
　私は、医療・福祉専門学校で体育教師として保健体育理論と体育実技を教えていますが、学生たちにしつこく言うのは、「介護にあたっては、相手の人の目の高さで物事を考え、接するべきだ」ということです。
　私たち人間は、自分の「老い」にひどく寂しい気持ちを抱き、それを自覚するのがいつまでたっても苦手です。しかし、介護の現場は、そういうお年寄りたちとの「共生の場」です。ですから、医療・福祉の専門家になるためには、相手と同じ目線で接することができるかどうかが、第一の関門になるからです。
　この本は、そうした視点で書きました。ぜひ、リハビリ等の現場で活用してください。

　　　　　　　　　　　　　　　　　　　　　　　　　　　原田律子

高齢者の手あそび・指あそび&足体操
もくじ

この本をご覧の皆さんへ …………………………6

歌に合わせて手指あそび&手おどり ♪

声を出して動かそう

ぶんぶんぶん❶割りばしを使って …………………10
ぶんぶんぶん❷手おどり …………………………12
あんたがたどこさ…………………………………14
海❶リボンを使って………………………………16
海❷手おどり …………………………………18
うさぎとかめ❶手あそび …………………………20
うさぎとかめ❷割りばしを使って …………………22
たきび❶手おどり …………………………………24
たきび❷割りばしを使って …………………………26
おお牧場はみどり❶手あそび ……………………28
おお牧場はみどり❷トイレットペーパーの芯を使って …30
おつかいありさん❶手あそび ……………………32
おつかいありさん❷2人で手あそび ………………34
線路はつづくよどこまでも…………………………36
友だち讃歌…………………………………………38
ゆうやけこやけ❶首・肩・手首の体操 …………40
ゆうやけこやけ❷体たたき体操 …………………42
もみじ❶首・肩・手首の体操 ……………………44
もみじ❷トイレットペーパーの芯で手の体操 ………46
もみじ❸トイレットペーパーの芯で肩・腕体操 ………48
くつがなる…………………………………………50

痴呆を防ぐための手指あそび

手と脳を刺激しよう

- あなたの名前はな〜に？……………………52
- ペットボトルのフタで遊ぼう………………54
- ビー玉とおはじきで遊ぼう…………………56
- 粘土でアーティスト…………………………58
- そろばんパチパチ……………………………60
- ヨーヨーや毛糸で遊ぼう……………………62
- 切って結んでハサミあそび…………………64
- さわってさわって、これな〜に？…………66
- ことばを書いてみよう………………………68
- みんなで俳句…………………………………70
- なげなわボールはこび………………………72

足指・足裏の健康体操

足元から若返ろう

- 足指を使って機能を活性化…………………74
- 足の指を動かしてみよう……………………76
- 寝たまま足指・手指体操……………………80
- 足ぶみウォーキング…………………………84
- ドレミで足ぶみ健康体操……………………86
- ラップの芯でジグザグレース………………90
- 風船はこび……………………………………92

この本をご覧の皆さんへ

手足を動かして、
いつまでも明るく元気に！

　家庭や福祉施設などで、お年寄りの人たちと暖かい交流を持ちながらいつまでも元気でいきいきとした日常生活を過ごせることは、お互いのためにも大切なことです。
　そのためにも、健康に気をつけながら生活の中に楽しさや生きがいを持つ必要があります。
　この本は、そのいきいきとした生活をするために、自分の身体の一部である「手」「足」を使って、効果的に頭と心を活性化することに力点をおいて書いてみました。

　医学博士の久保田競先生は、外環境の変化を生体内に取り込んで手を働かせるとき、脳が必ず働いている、と指摘され、手は外部の脳である、ともおっしゃっています。
（『手と脳——脳の働きを高める手』1982, 紀伊國屋書店）

　脳をできるだけ多く刺激することによって、痴呆防止に大きくつながるのです。

身近にあるものを効果的に使い、リラックスして楽しむ。

「手」「足」を動かすといっても単純な体操ではあきてしまいます。

そこでこの本では、歌をうたいながら割りばしをつかんだり、物をつまんだり、あるいはトイレットペーパーの芯を使って手首を返す、リボンを手首に巻いたりもどしたりする動きを工夫してみました。特に痴呆防止の体操では、指を中心に動かすものを取りあげています。

人間の指は、ほかの指のある動物にはないほどの複雑な反応を示します。こうした細かい運動によって脳にできるだけ多くの刺激を与えるようにしたのです。

また、身体の一部をたたいたりすることで、体と指先に刺激を与える方法も盛りこんでいます。歌をうたうことも脳に刺激を与える大切な要素です。

とはいえ身体を動かすことが重荷になってしまっては効果がありません。いかにリラックスして楽しめるか、本書を使いながら工夫してみてください。

身近にあるものを効果的に使うのがこの本の特徴です。積極的に使ってください。

この本で紹介したあそび&体操には、こんな効果があります。

　この本の構成に基づいて、各章ごとにどのような効果があるのかをまとめてみました。

歌に合わせて手指あそび&手おどり

①歌をうたうことで口の回りの筋肉を使い、歌詞をおぼえることで脳を刺激する。
②手おどりや指あそびと連動しているため、自然と脳も一緒に活発化する。

痴呆を防ぐための手指あそび

①手指に多くの刺激を与えることにより、脳の活性化を図る。
②各指の動きがスムーズになり、感覚がつかみやすくなる。

足指・足裏の健康体操

①全身の血行がよくなり、身体がポカポカしてくる。
②運動をしたときと同じようなエネルギーを使うので、食欲が増進する。
③適度に汗をかくことで、睡眠が十分にとれる。

この本をご覧の皆さんへ

**始める前に
こんなことに注意しましょう。**

　高齢者の場合、老化による心身の機能の低下や、さまざまな病気や障害を抱えていることが考えられます。
　リズムに乗って歌をうたうことにより、多くの人とコミュニケーションがとれ、身体の緊張をほぐし、1人ひとりがいきいきとリフレッシュできるように考えてあげることが大切です。

①高齢者の体力は個人差があるので、参加しやすいようにその人に合わせて回数などを設定して行うようにする。
②老年者は疲れやすく回復にも時間がかかるので、途中の休憩や終了後の休養を十分にとる。
③十分な準備運動を行い、水分補給もこまめに行う。
④楽しい雰囲気の中でできるようにすることが大事。楽しむことにより心が刺激され、若返る。心の若返りは身体に活力を与える。
⑤参加者が互いにぶつかり合うことのない自由に動けるに十分な程度の広さで、明るさや換気に十分気をつける。

詞●村野四郎

声を出して動かそう

ぶんぶんぶん ❶ 割りばしを使って

歌のイメージは、広い野原で子どもたちが、ハチが花に寄ってくるのを喜んで見ているというもの。その光景を思い浮かべながら、割りばしで調子をとって楽しみましょう。

[用意するもの]
割りばし（1人1膳）
[人数]
1人から（大勢の方が楽しい）
立ってでも座ってでもよい

両手に1本ずつ割りばしを持って行います。手首を意識しながら動かしてみましょう。

▼1番

① ぶん
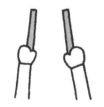
テーブルを1回打つ。

② ぶん

割りばしを交差する。

③ ぶん
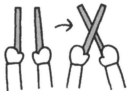
①②と同じ。

④ はちがとぶ

手首を外転させながら、両手を左右に5～6回広げる。

⑤ おいけの　まわりに

手首を内転させながら、両手を近づける。

⑥ のばらが　さいたよ

④と同じ。手首を外転させながら、両手を左右に広げる。

⑦ ぶん	⑧ ぶん	⑨ ぶん	⑩ はちがとぶ

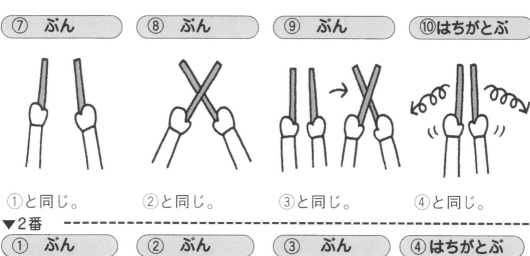

①と同じ。	②と同じ。	③と同じ。	④と同じ。

▼2番

① ぶん	② ぶん	③ ぶん	④ はちがとぶ

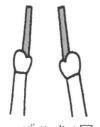  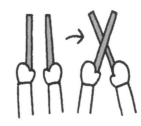 

テーブルを1回打つ。	割りばしを交差する。	①②と同じ。	手首を外転させながら、両手を左右に5〜6回広げる。

⑤ あさつゆ きらきら	⑥ のばらが ゆれるよ

［右手だけ］その場で手首を外転させる。　　［左手だけ］その場で手首を内転させる。

⑦ ぶん	⑧ ぶん	⑨ ぶん	⑩ はちがとぶ

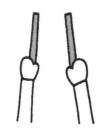  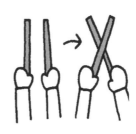 

①と同じ。	②と同じ。	③と同じ。	④と同じ。

詞●村野四郎

ぶんぶんぶん ❷ 手おどり

声を出して動かそう

歌の内容を手で細かく表現しながら、一緒に楽しくうたいましょう。一度おぼえれば、1人でも楽しめます。

[人数]
1人から（大勢の方が楽しい）
立ってでも座ってでもよい

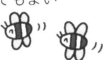

> 手を握ったり開いたり。うたいながら手の体操になります。

▼1番

| ① ぶん | ② ぶん | ③ ぶん | ④ はちがとぶ |

グー　　　　パー　　　　グー　パー　　指をからませて手首をゆらゆら。

| ⑤ おいけの　まわりに | ⑥ のばらが　さいたよ |

両手で大きな輪をつくり、右、左と動かす。　　両手首を合わせて指で花の形をつくり、左右にゆっくり動かす。

⑦ ぶん	⑧ ぶん	⑨ ぶん	⑩ はちがとぶ

①と同じ。	②と同じ。	③と同じ。	④と同じ。

▼2番 --

① ぶん	② ぶん	③ ぶん	④ はちがとぶ

グー	パー	グー　　パー	指をからませて手首をゆらゆら。

⑤ あさつゆ きらきら	⑥ のばらが ゆれるよ

両手首を立てて、手を細かくゆらす。	⑤と同じ。

⑦ ぶん	⑧ ぶん	⑨ ぶん	⑩ はちがとぶ

①と同じ。	②と同じ。	③と同じ。	④と同じ。

歌に合わせて手指あそび＆手おどり

わらべうた

♪ あんたがたどこさ

手で太ももをたたいて歌あそび。「さ」の音のときに、いったん動作のけじめをつけましょう。そうすると動きに「乗り」が出ますよ。

[用意するもの]
割りばし（1人1膳）
[人数]
1人から（大勢の方が楽しい）
立ってでも座ってでもよい

2回目は少し動きを変えて、3回目は割りばしでやってみましょう。

▼1回目

① あんた がた どこ [さ] ひご [さ] ひご どこ [さ]

無印→右太ももを右手で1回たたく。[さ]→左手を顔の高さまで上げる。

② くま もと [さ] くま もと どこ [さ] せんば [さ]

①と同じ。

③ せんば　やまには　たぬきが　おって　さ

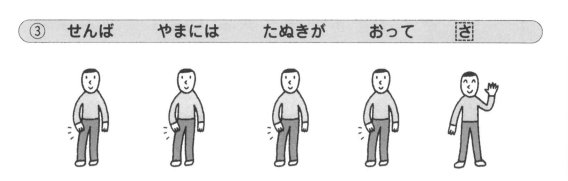

①と同じ。

④ それを　りょうしが　てっぽで　うって　さ

①と同じ。

⑤ にて　さ　やいて　さ　くって　さ

▼2回目
無印→両手で太ももを1回たたく
さ→手拍子を1回

①と同じ。

⑥ それを　このはで　ちょっと　かぶ　せ

▼3回目
無印→割りばしでテーブルをたたく
さ→何もしない

無印→①と同じ。せ→左手を顔の高さまで上げる。

声を出して動かそう

♪ 海 ❶ リボンを使って

詞●林柳波

リボンで波を表現します。手首を使って波の動きに変化をつけましょう。自分が海で遊んでいるつもりで楽しく！

［用意するもの］
30cmのリボン（1人1本）
［人数］
1人から（大勢の方が楽しい）
立ってでも座ってでもよい

高齢者は手首が硬くなりやすいので、ゆっくり何回も回す運動をしましょう。

【はじめのポーズ】両手で1本のリボンの両端を持ちます。

▼1番

① うーみーはー　ひろいーなー

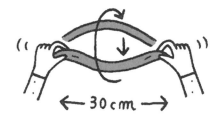

胸の前で、手首を使って小さく外回りにクルクル回す（5回くらい）。

② おおきいなー

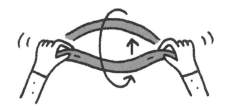

今度は逆に、内回りにクルクル回す（5回くらい）。

③ つーきーがー　のぼるーしー

両端を持ったまま、外巻きにしながら右の手首に巻きつける。

④ ひが　しーずーむー

右手首を返しながらリボンをほどいていく。

16

▼2番

① うーみーはー おおなーみー

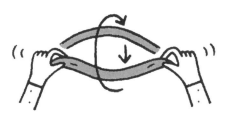

1番の①と同じ。

② あおいー なーみー

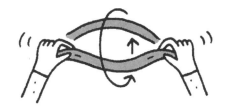

1番の②と同じ。

③ ゆーれーてーどこまーでー

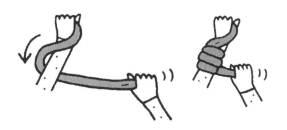

1番の③の動作を左手で行う。

④ つづくーやーらー

1番の④の動作を左手で行う。

▼3番

① うーみーにー おふねーをー

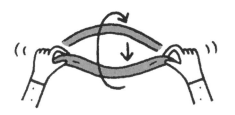

1番の①と同じ。

② うかばー しーてー

1番の②と同じ。

③ いーってー みたいーなー

1番の③と同じ。

④ よそのー くーにー

1番の④と同じ。

詞●林柳波

声を出して動かそう

♪ 海 ❷ 手おどり

道具を使わず、手の動きで海の広さや波の大小を表現します。青い、広い、大きい海を、手と腕を使ってイメージするとよいでしょう。

［人数］
1人から（大勢の方が楽しい）
立ってでも座ってでもよい

波の動きをイメージしてね！

▼1番

① うーみーはー

両手を右横に伸ばし、手首をフラダンスのようにゆらゆらさせる。

② ひろいーなー

両手を左横に移し、手首をゆらゆらさせる。

③ おおきいなー

両手を体の前で伸ばし、ゆらゆらさせながら左右に開いていく。

④ つーきーがー のぼるーしー

両手の手首を、下から上に向かってクルクル外転させる。

⑤ ひが しーずーむー

④の逆。上から下に向かってクルクル内転させる。

▼2番
―――――――――――――――――――――――――

① うーみーはー

1番の①と同じ。

② おおなーみー

1番の②と同じ。

③ あおいー なーみー

1番の③と同じ。

④ ゆーれーてーどこまーでー

両手を斜め下に伸ばし、左から右へ、波をうねらすようにゆらしながら動かす。

⑤ つづくーやーらー

1番の④と同じだが、上に移動せず、胸の前でクルクルさせる。

詞●石原和三郎

声を出して動かそう

♪ うさぎとかめ ❶ 手あそび

うさぎとかめが競っているようすを、じゃんけんを盛りこんで楽しむ手あそびです。じゃんけんに勝った人はバンザイをし、負けた人はおじぎ、あいこのときは握手をします。

[人数] 2人1組で向かい合わせで行う
立ってでも座ってでもよい

相手の動きにつられて、つい間違えてしまうのが笑いを誘います。自分が勝ったか負けたか、しっかりおぼえておきましょうね。

無印→手を1回たたく　（　）→相手と両手を打ち合わせる

① 　もし　　（もし）　　かめ　　（よ）

　　カメ　　（さん）　　　　② 　よ（じゃんけんをする）

20

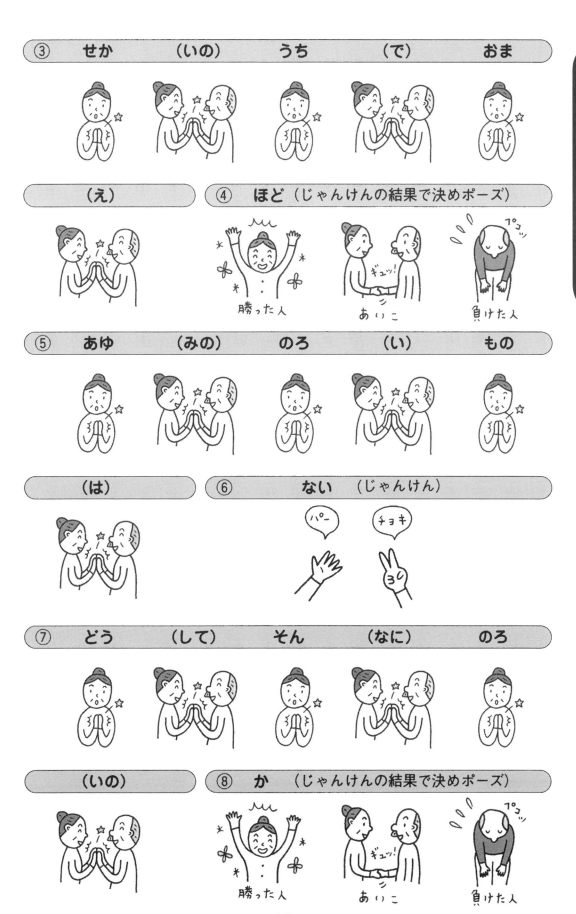

詞●石原和三郎

声を出して動かそう

♪ うさぎとかめ ❷ 割りばしを使って

リズミカルに割りばしをたたいてうたいましょう。☆印の決めポーズがそれぞれちがうところで変化を持たせます。

[用意するもの]
割りばし（1人1膳）
[人数]
1人から（大勢の方が楽しい）
座ってテーブルの上で行う

決めのポーズを間違えないでね！

はじめのポーズ
両手に1本ずつ割りばしを持ちましょう。

○→左、右に開いてテーブルを1回たたく　△→2本の割りばしを合わせる

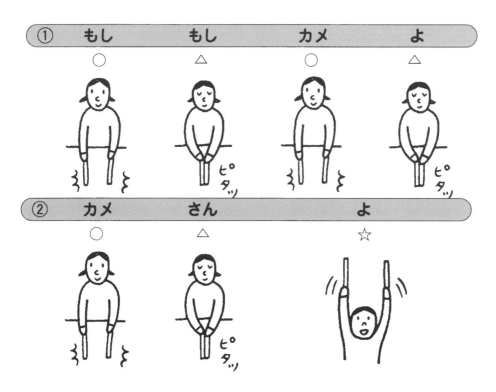

☆→（決めポーズ）両手をまっすぐ上に伸ばす

③ せかいの　うちで　おまえ　ほど

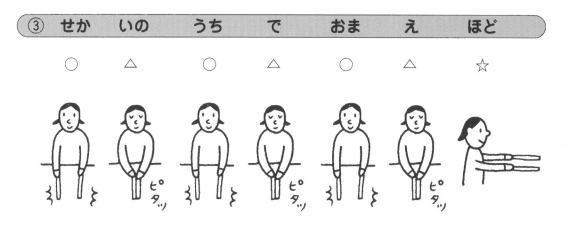

☆→（決めポーズ）両腕をまっすぐ胸の前で伸ばす

④ あゆみの　のろい　もの　は　ない

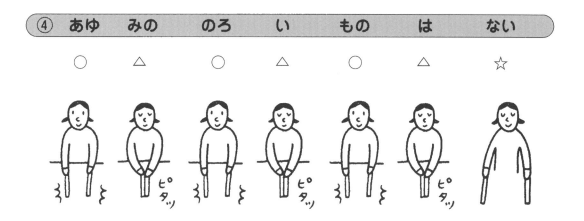

☆→（決めポーズ）両腕を下に伸ばす

⑤ どう　して　そん　なに　のろ　いの　か

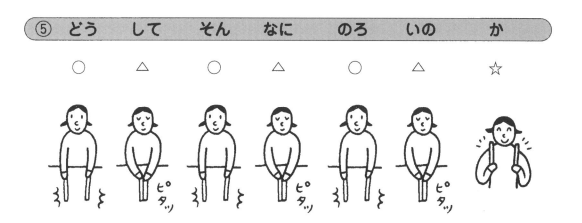

☆→（決めポーズ）両腕をまげ、左右の肩に割りばしを乗せる

詞●巽聖歌

声を出して動かそう

♪ たきび ❶ 手おどり

冬の寒い日、たきびを囲んで暖かさが身体中に伝わっていくようすをあらわします。懐かしい雰囲気を思い出しながらやってみましょう。

[人数]
1グループ7～8人くらいで輪になって行う
立ってでも座ってでもよい

みんなで声を出し、動きを合わせましょう。

▼1番

| ① かきねの | ② かきねの | ③ まがり | ④ かど |

| 隣の人と肩を組んで左へ傾ける。 | 肩を組んだまま右へ傾ける。 | ①と同じ。 | ②と同じ。 |

| ⑤ たきびだ | ⑥ たきびだ | ⑦ おちばたき | ⑧ あたろうか |

| 両手を正面に向けゆらす。 | ゆらしながら両腕を左右に開く。 | 離れている手をまた近づける。 | 両手を前に出し手のひらを下に。 |

24

⑨ あたろうよ	⑩ きたかぜ	⑪ ぴいぷう	⑫ ふいている

頬に両手をあて左右にゆらす。	両手を上に伸ばし、左へ傾ける。	両手を上に伸ばし、右へ傾ける。	両手を上に伸ばし、左右に。

▼2番 --

① さざんか	② さざんか	③ さいた	④ みち

1番の①と同じ。	1番の②と同じ。	1番の③と同じ。	1番の④と同じ。

⑤ たきびだ	⑥ たきびだ	⑦ おちばたき	⑧ あたろうか

1番の⑤と同じ。	1番の⑥と同じ。	1番の⑦と同じ。	1番の⑧と同じ。

⑨ あたろうよ	⑩ しもやけ	⑪ おててが	⑫ もうかゆい

1番の⑨と同じ。	左手の甲を右手で4回さする。	右手の甲を左手で4回さする。	胸の前で手をもみ合わせる。

歌に合わせて手指あそび&手おどり

詞●巽聖歌

声を出して動かそう

♪ たきび ❷ 割りばしを使って

たきびの火が激しく燃えるようすを、割りばしを使ってあらわします。テーブルをたたく音がパチパチと燃える火の音に聞こえるように、手首を使って力強くたたきましょう。

［用意するもの］
割りばし（1人1膳）
［人数］
1テーブルに5〜6人
1グループ5〜6人で、座ってテーブルの上で行う

パチパチとテーブルをたたく音がポイントです。

▼1番

| ① かきねの | ② かきねの | ③ まがり | ④ かど |

両手に1本ずつ割りばしを持ち、胸の前でクルクル外転させる。

| ⑤ たきびだ | ⑥ たきびだ | ⑦ おちば | ⑧ たき |

反対に内転させる。

26

⑨ あたろうか	⑩ あたろうよ

割りばしでテーブルの手前をパチパチたたく。	少し手を伸ばしてテーブルの前でパチパチたたく。

⑪ きたかぜ	⑫ ぴいぷう	⑬ ふいて	⑭ いる

両手を上に伸ばしながら左へ。	両手を上に伸ばしながら右へ。	⑪と同じ。	⑫と同じ。

▼2番 --

①さざんかさざんか さいたみち	②たきびだたきびだ おちばたき	③あたろうか あたろうよ

1番の①〜④と同じ。	1番の⑤〜⑧と同じ。	1番の⑨⑩と同じ。

④ しもやけ	⑤ おててが	⑥ もう	⑦ かゆい

右手割りばしで左手甲を4回たたく。	左手割りばしで右手甲を4回たたく。	右手割りばしで左手甲を2回たたく。	左手割りばしで右手甲を3回たたく。

歌に合わせて手指あそび&手おどり

詞●中田羽後

声を出して動かそう

♪ おお牧場はみどり ❶ 手あそび

牧場ののんびりとした風景を思い浮かべながら、透き通った空気を吸いこむように、腕を大きく使ってやさしく腕をさすりましょう。

[人数]
1人から（大勢の方が楽しい）
立ってでも座ってでもよい

後半に行くにしたがって、腕をさする動きが速くなっていきますよ。

① おお まきばは みどり

8回拍手する。

② くさのうみ かぜがふーく

手の甲を合わせ、8回たたく。

③ おお まきばは みどり

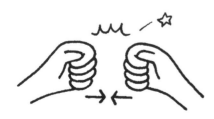

げんこつをつくり、8回ぶつけあう。

④ よくしげったものだ（ホイ）

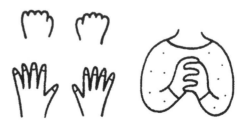

グー、パー、グー、パー、グー、パー、グー、（ホイ）で両手を握り合う。

⑤ ゆきがとけて	⑥ かわとなって

右手で左腕を肩から指先に向かってさする（4回）。	左手で右腕を肩から指先に向かってさする（4回）。

⑦ やまを	⑧ くだり	⑨ たにを	⑩ はしる

⑤と同じ（2回）。	⑥と同じ（2回）。	⑤と同じ（2回）。	⑥と同じ（2回）。

⑪ のを	⑫ よこぎり	⑬ はたを	⑭ うるおし

⑤と同じ（2回）。	⑥と同じ（2回）。	⑤と同じ（2回）。	⑥と同じ（2回）。

⑮ よびかけるよ　　わたしに	⑯ （ホイ）

左右1回ずつ交互にさする（計7回）。	両手を握り合う。

歌に合わせて手指あそび&手おどり

詞●中田羽後

声を出して動かそう

♪ おお牧場はみどり❷ トイレットペーパーの芯を使って

広い牧場で動物たちが歩いたり走ったりするようすを、トイレットペーパーの芯を使って、手首や手をやさしく刺激しながらあらわしましょう。

［用意するもの］
トイレットペーパーの芯（1人2個）
［人数］
1人から（大勢の方が楽しい）
座ってテーブルの上で行う

手首を強化しましょう。

① おお まきばは

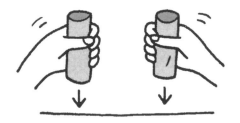

トイレットペーパーの芯を両手に1個ずつ持ち、テーブルを4回たたく。

② みどり

手首を返して、テーブルを4回たたく。

③ くさのうみ

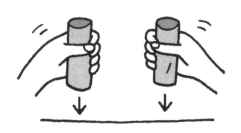

①と同じ。

④ かぜがふーく

②と同じ。

⑤ おお まきば は

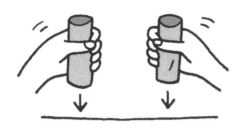

①と同じ。

⑥ みどり

②と同じ。

⑦ よくしげった ものだ （ホイ）

テーブルを1回たたき、両手を交差する。これをくり返し、（ホイ）で手から離す。

⑧ ゆきがとけて かわとなって

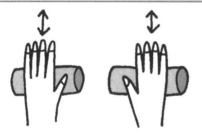

手のひらの下に芯を置いて、ゴロゴロ動かす。

⑨ やまをくだり たにをはしる

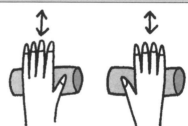

⑧と同じ。

⑩ のをよこぎり はたをうるおし よびかけるよ

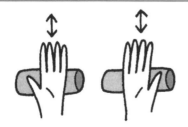

手の甲の下に芯を置いて、ゴロゴロ動かす。

⑪ わたしに（ホイ）

両手で胸の前で芯を持ち、（ホイ）で高く芯を投げる。

31

詞●関野栄一

声を出して動かそう

♪ おつかいありさん ❶ 手あそび

ありが休むひまもなく忙しそうに働くようすを指であらわします。1つひとつの指をゆっくり、または速く動かすことにより、指の感覚をつかみましょう。

［人数］
1人から（大勢の方が楽しい）
座ってテーブルの上で行う

特に指を使う運動です。テーブルの上で動かした方がやりやすいでしょう。

① あんまり　　② いそいで

走っているように、両腕を大きく振る。

③ こっつんこ　　④ ありさんと

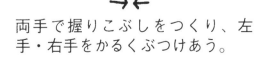 

両手で握りこぶしをつくり、左手・右手をかるくぶつけあう。

両手の人さし指と中指をまげて、ありがはうように小きざみに動かす。

⑤ ありさんと	⑥ こっつんこ

④と同じ。	両手の人さし指と中指をまげて向かい合わせ、指の背をぶつける。
⑦ あっちいって	⑧ ちょんちょん

右手（右方向に）、左手（左方向に）の指をかるく握り、人さし指、中指をありがはうように小きざみに動かして進んでいく。

⑨ こっちきて	⑩ ちょん

今度は指をはわせながら胸の前にもどってくる。

詞●関野栄一

♪ おつかいありさん ❷ 2人で手あそび

声を出して動かそう

2匹のありが協力して仕事をしているようすをあらわします。2人でリズムを合わせて、テンポよく楽しんでやりましょう。うたいながら行うことで、全身の筋肉が活発化するでしょう。

[人数]
2人1組で向かい合わせに座って行う。
または6人や8人で輪になって座る

手をたたくことで刺激になります。

① あんまり　いそいで

走っているように、腕を大きく振る。

② こっつんこ

隣の人か、目の前のペアの人と両手をパチンと合わせる。

③ ありさんと　ありさんと

腕の前で握りこぶしをつくり、ボクシングのまねをするように前後に腕を動かす。

④ こっつんこ

両手の握りこぶしを相手の握りこぶしとぶつけあう。

⑤ あっちいって

胸の前で、手拍子を2回。

⑥ ちょんちょん

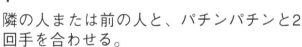

隣の人または前の人と、パチンパチンと2回手を合わせる。

⑦ こっちきて

⑤と同じ。

⑧ ちょん

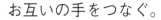

お互いの手をつなぐ。

歌に合わせて手指あそび&手おどり

詞●佐木敏

声を出して動かそう

♪ 線路はつづくよどこまでも

電車に乗って旅をしているようすをあらわします。腕を大きく回しながら足ぶみをすることにより、力強い車輪の音を表現しています。童心に帰った気分で楽しくやりましょう。

［人数］
1グループ7～8人くらいで輪になる。
車椅子、または椅子に座って行う

元気よくね！ バンザイすることにより、肩の運動にもなります。

① せんろはつづくよ　どこまでも

両手を両脇サイドで、車輪のようにクルクル回す。足ぶみができる人は行う（できない人はそのままでよい）。

② のをこえ

前の人の肩や椅子につかまり、上半身を右に傾ける。

③ やまこえ

つかまったまま、上半身を左に傾ける。

④ たに	⑤ こえて

②と同じ。	③と同じ。

⑥ はるかな	⑦ まちまで	⑧ ぼくたちの

右手を目の上にかざして遠くを見る。	そのままのポーズであたりをゆっくり見回す。	（ぼく）右へバンザイ（たち）おろす（の）左へバンザイ

⑨ たのしい　たびのゆめ	⑩ つないでる

胸の前で両手を交差し、右と左へ1回ずつ体を傾ける。	前の人につかまって、上半身をゆっくり左右に傾ける。

⑪ ランラランラランラ……	⑫ ポッポー

①と同じ。	片手を2段階にわけて上へ。

詞●阪田寛夫

声を出して動かそう

♪ 友だち讃歌

歌をうたうと、知らない人とも自然と親しくなれる気がしますね。歌には人の心と心を結びつける力があります。みんな友だちなんだという思いでうたいましょう。

[人数]
8人で輪になり、立って行う
1人ひとりにそれぞれ番号をつける

うたいながらなら、腕を組んだり手をつなぐのも自然にできるでしょう。

① ひとりと

奇数番号 1 3 5 7 の人が左手を腰にあてて輪をつくる。

② ひとりが

偶数番号 2 4 6 8 の人が、右隣の人の腕に手を通し、腕を組む。

③ うでくめば

2人組になったまま、体を左右にゆらす。

④ たちまちだれでもなかよしさ

全員で手をつなぎ、ひとつの輪になって体をゆらす。

⑤ やあやあ　みなさん

敬礼のスタイルで、自分の回りを足ぶみして回る。

⑥ こんにちは

はじめのペアで向き合って、おじぎする。

⑦ みんなで　あくしゅ

④と同じ。

⑧ そらには　おひさま

足ぶみしながらバンザイし、「おひさま」で手をゆらす。

⑨ あしもとに　ちきゅう

足ぶみしながら両手を下ろし、「ちきゅう」で手をゆらす。

⑩ みんなみんな　あつまれ

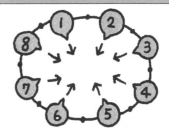

全員で手をつなぎ、中心に向かって歩く。

⑪ みんなでうたえ

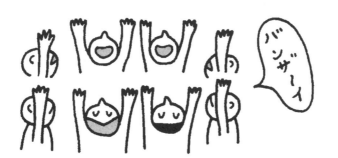

つないでいる手を離し、両手をあげバンザイし、顔を上に向ける。

詞●中村雨紅

声を出して動かそう

♪ ゆうやけこやけ ❶首・肩・手首の体操

いっぱい遊んで見上げると、夕焼け空になっていた…。遊び疲れた身体をいたわる気持ちで、肩や首をゆっくりとたたいたり、回したりしましょう。今夜も気持ちよく眠れるでしょう。

［人数］
1人から（大勢の方が楽しい）
立ってでも座ってでもよい

手首回し、肩たたき、首回し、肩の上げ下ろしの運動が行えます。

▼1番

① ゆうやけこやけで

右肩を左手で4回、左肩を右手で4回たたく。

② ひがくれて

首を左右1回ずつ回す。

③ やまのおてらの

肩を4回上げ下げする。

④ かねがなる

②と同じ。

⑤ おててつないで	⑥ みなかえろ

手首を外側に7～8回回す。　　手首を内側に5～6回回す。

⑦ からすと	⑧ いっしょに

右肩を4回たたく。　　左肩を4回たたく。

⑨ かえりま	⑩ しょう

⑦と同じ。　　⑧と同じ。

▼2番 ------------------------------

① こどもがかえった	② あとからは
③ まるいおおきな	④ おつきさま
⑤ ことりがゆめを	⑥ みるころは
⑦ そらには	⑧ きらきら
⑨ きんの	⑩ ほし

1番と同じ。

詞●中村雨紅

声を出して動かそう

♪ ゆうやけこやけ ❷ 体たたき体操

うたいながら足・腕・頬をたたきます。慣れてきたら、たたく間隔を短くしてできるだけ多くたたくようにしましょう。手指にも足にも刺激になっていいですよ。

［人数］
1人から（大勢の方が楽しい）
椅子に座って行う

身体を手でたたきながらね。だんだん速くすると刺激になりますよ。

▼1番

① **ゆうやけこやけで**

両手でひざから下を8回たたく。

② **ひがくれて**

たたいた部分をさする。

③ **やまの**

太ももの上を手のひらで4回たたく。

④ **おてらの**

太ももの横を手のひらで4回たたく。

⑤ かねがなる	⑥ おてて

たたいた部分をさする。	右手で左腕を4回たたく。

⑦ つないで	⑧ みなかえろ

左手で右腕を4回たたく。	右指で右肩、左指で左肩を8回たたく。

⑨ からすといっしょに	⑩ かえりましょう

両手で頬を8回たたく。	8回手をたたく。

▼2番 --

① こどもがかえった	② あとからは
③ まるい	④ おおきな
⑤ おつきさま	⑥ ことりが
⑦ ゆめを	⑧ みるころは
⑨ そらにはきらきら	⑩ きんのほし

1番と同じ。

詞●高野辰之

♪ もみじ ❶ 首・肩・手首の体操

ふだんよく使うところを1日1回はやさしくほぐしてあげましょう。すがすがしい秋空の下で大きく息を吸いながら行えば、元気がまたもりもり出てきそうです。

[人数]
1人から（大勢の方が楽しい）
立ってでも座ってでもよい

首を回す際はゆっくりと行い、目が回らないように。また、首を回す際は口を閉じましょう。特に女性は首筋がきれいになりますよ。

▼1番

① あきのゆうひに

右肩を8回たたく。

② てるやまもみじ

左肩を8回たたく。

③ こいもうすいも

左回りで首を1回回す。

④ かずあるなかに

右回りで首を1回回す。

声を出して動かそう

⑤ まつを	⑥ いろどる

首を左に1回まげる。	首を右に1回まげる。

⑦ かえでや	⑧ つたは

⑤と同じ。	⑥と同じ。

⑨ やまのふもとの	⑩ すそもよう

肩を4回上下に動かす。	首を左回りで1回回す。

▼2番

① たにのながれに	② ちりうくもみじ
③ なみにゆられて	④ はなれてよって
⑤ あかや	⑥ きいろの
⑦ いろ	⑧ さまざまに
⑨ みずのうえにも	⑩ おるにしき

1番と同じ。

詞●高野辰之

声を出して動かそう

♪ もみじ ❷ トイレットペーパーの芯で手の体操

両手の指を1本ずつ使って、トイレットペーパーの芯を回したり投げたりして楽しみましょう。各指のはたらきをたしかめるように意識してやると効果的です。

［用意するもの］
トイレットペーパーの芯（1人1個）
［人数］
1人から（大勢の方が楽しい）
座ってテーブルの上で行う

> 大勢でテーブルを囲んでやると楽しいですよ。5本の指を使うのがポイント。

▼1番

① **あきのゆうひに**

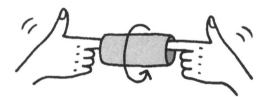

両手の人さし指を芯に通してグルグル回す。

② **てるやまもみじ**

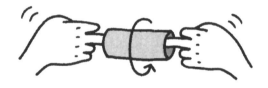

両手の中指を芯に通してグルグル回す。

③ **こいもうすいも**

両手のくすり指を芯に通してグルグル回す。

④ **かずあるなかに**

両手の小指を芯に通してグルグル回す。

⑤ まつをいろどる　⑥ かえでやつたは

芯を高く投げ上げて、両手でとる。　⑤と同じ。

⑦ やまのふもとの　⑧ すそもよう

右手のひらで芯を前後にゴロゴロころがす。　左手のひらで芯を前後にゴロゴロころがす。

▼2番

① たにのながれに　② ちりうくもみじ
③ なみにゆられて　④ はなれてよって
⑤ あかやきいろの　⑥ いろさまざまに
⑦ みずのうえにも　⑧ おるにしき

1番と同じ。

♪ もみじ ❸ トイレットペーパーの芯で肩・腕体操

声を出して動かそう

紅葉したたくさんの葉っぱのようすを、両腕を上下左右に動かしてあらわします。前かがみの姿勢から起き上がる際は、腰をいためないよう十分気をつけましょう。

[用意するもの]
トイレットペーパーの芯（1人1個）
[人数]
1人から（大勢の方が楽しい）
立ってでも座ってでもよい

> ゆっくりとした動きで、部屋や身体を暖めてから行いましょう。特に⑨の動作では、ゆっくりと下から上へバンザイしましょう。

詞●高野辰之

▼1番

① あきのゆうひに

両手で芯を持ち、その手を胸の前でまっすぐ伸ばす。

② てるやまもみじ

芯を持ったまま、その手を胸に引き寄せる。

③ こいも

胸の前に引き寄せたまま、右手で芯を持ち、右横に伸ばす。

④ うすいも

伸ばした右手を元にもどす。

⑤ かずある	⑥ なかに

左手で芯を持ち、左横に伸ばす。	伸ばした左手を元にもどす。

⑦ まつをいろどる	⑧ かえでやつたは

右手で芯を持ち、胸の前で大きく円を描く。	左手に芯を持ちかえ、胸の前で大きく円を描く。

⑨ やまのふもとの	⑩ すそもよう

両手で芯を持ち、前かがみになり、ゆっくり起きあがってバンザイ。	バンザイの姿勢のまま、高く手をあげて、左右に2回ずつ体をゆらす。

▼2番
---

① たにのながれに	② ちりうくもみじ
③ なみに	④ ゆられて
⑤ はなれて	⑥ よって
⑦ あかやきいろの	⑧ いろさまざまに
⑨ みずのうえにも	⑩ おるにしき

1番と同じ。

歌に合わせて手指あそび&手おどり

詞●清水かつら

♪ くつがなる

長くつづく道を1歩1歩進むように、1本1本の指をしっかりくっつけましょう。指先を押し合うことで、脳の活性化を図ります。

[人数]
1人から（大勢の方が楽しい）
立ってでも座ってでもよい

指先と指先をしっかりとくっつけるように心がけてください。何回も指先を合わせるのが難しい人は1回でもよいでしょう。

声を出して動かそう

▼1番

① **おててつないで**

両手とも、親指と人さし指で輪をつくるように合わせる（8回）。

② **のみちをゆけば**

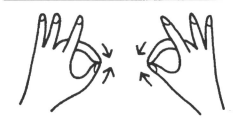

親指と中指で同じように（8回）。

③ **みんなかわい**

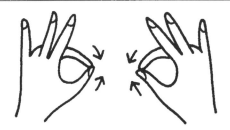

親指とくすり指で同じように（8回）。

④ **ことりになって**

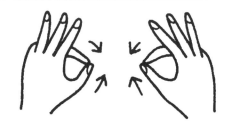

親指と小指で同じように（8回）。

| ⑤ | うたをうたえば　くつがなる |

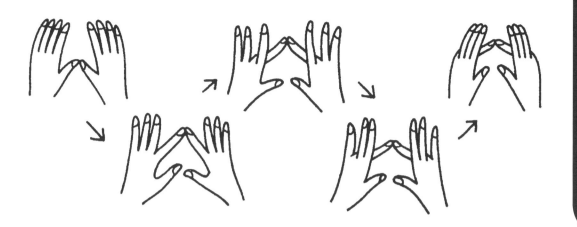

両手の指先を、親指から順番にゆっくりと押しつけ合う。

| ⑥ はれたみそらに | ⑦ くつがなる |

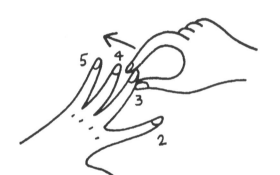
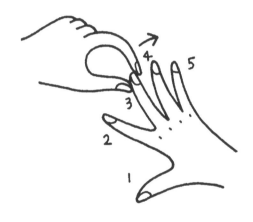

右手で左手の指先を持ち、1本ずつゆっくりとそらして、のばす。　　左手で右手の指先を持ち、1本ずつゆっくりとそらして、のばす。

▼2番

① はなをつんでは	② おつむにさせば
③ みんなかわい	④ うさぎになって
⑤ はねておどれば	くつがなる
⑥ はれたみそらに	⑦ 　　くつがなる

1番と同じ。

歌に合わせて手指あそび&手おどり

あなたの名前はな〜に？

手と脳を刺激しよう

職員とお年寄りのかけあいで遊びます。ゲームやレクの前の準備体操として行うとよいでしょう。いろいろなところを当ててもらうようにすると楽しいですよ。

[人数]
大勢の方が楽しい
椅子に座って行う

はじめは職員が出題者になるとよい。
はじめはゆっくり行い、慣れてきたら少しずつ速くしていきましょう。

① トントントントン

手拍子を4回。

② ここはどこ？

手で3回、好きな場所をたたく（頭、肩、おしり、腕、足など）。

③ 答「頭です」

たたいた場所を「○○です」と答えてもらう。

④ ヒラヒラヒラヒラ

両手のいずれかの指を目の前でひらひらさせる。

⑤ あなたのなまえは？

指を立てて、横に3〜4回振る。

⑥ 答「小指です」

振っていた指を「○○指です」と答えてもらう。

⑦ トントントントン

かかとで床を4回鳴らす。

⑧ ここはどこ？

「かかと」や「ひざ」などを指さす。

⑨ 答「かかとです」

指さしていた部分を「○○です」と答えてもらう。

⑩ パンパンパンパン

頬を両手で4回たたく。

⑪ ここはどこ？

「頬」や「耳」などを人さし指でさす。

⑫ 答「ほっぺです」

指さしていた部分を「○○です」と答えてもらう。

痴呆を防ぐための手指あそび

ペットボトルのフタで遊ぼう

手と脳を刺激しよう

ペットボトルのフタが入っている袋を、片手で握ったり両手で持って動かしたりして、手のひらにさわるフタの刺激を感じとりましょう。

［用意するもの］
ペットボトルのフタ8〜10個をビニールに入れたもの（1人1袋）

［人数］
1人〜10人くらいのグループ
立ってでも座ってでもよい

スーパーの小さいビニール袋などを利用して。空気を入れないようにきつくしばります。

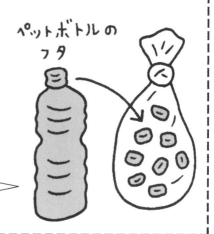

Ⓐ 1人でやってみよう

①片手で袋を握って、ゴチャゴチャさせる（10〜20回）。終わったらもう片方の手で持ち、同じように行う。

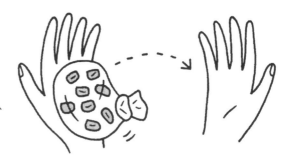

②両手の間に袋をはさみ、ゴロゴロさせる（10〜20回）。

③両手で握って、指先だけでゴチャゴチャさせる（10〜20回）。

Ⓐ 1人でやってみよう
朝、昼、晩(寝る前)など、1日3〜4回行うようにしましょう。手が痛ければ、フタの個数を少なくし、空気をたくさん入れてみましょう。

Ⓑ 2人でやってみよう
お互いに向き合い、袋を投げて受けとる。5回×3セット。1セット終わったら少し休む。

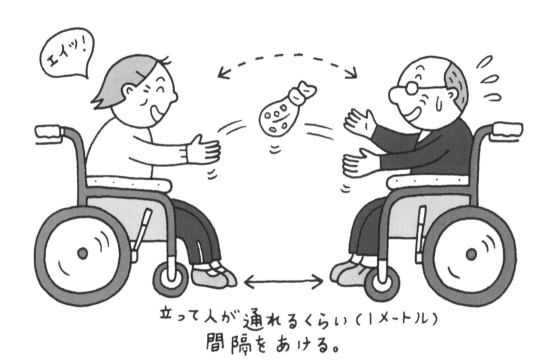

立って人が通れるくらい(1メートル)間隔をあける。

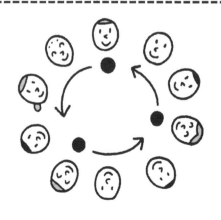

Ⓒ グループでやってみよう
3袋を用意。10人くらいのグループで輪になり、歌に合わせて隣の人に渡していく。

痴呆を防ぐための手指あそび

手と脳を刺激しよう

🖐 ビー玉とおはじきで遊ぼう

子どもの頃のあそびを思い出して、とりどりの色も楽しみながら行いましょう。ここに紹介するあそびのほかにも、いろいろなやり方を皆さんで試してください。

[用意するもの]
おはじきとビー玉（なるべくたくさん用意する）

[人数]
1人〜4人
座ってテーブルの上で行う

> あめ玉と間違えて口にしないように扱いましょう。また、当たってはねたビー玉にも注意しましょう。

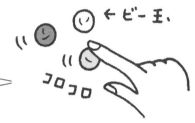

Ⓐ おはじきとばし
おはじきを人さし指ではじいてとばす。人さし指の次は、中指、くすり指、小指などでもやってみる。

Ⓑ じゃんけんおはじき
おはじきを1人5個ずつ用意。2人でじゃんけんをして、負けたら相手におはじきを1個渡す。なくなった方が負け。ゲームとして何回戦か行うと楽しい。

Ⓒ おはじきつみ

「よーいドン」の合図で
おはじきを1個ずつ重ね、
積み上げていく競争。制
限時間を決め、時間内に
高く積み上げた方が勝ち。

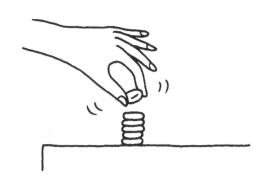

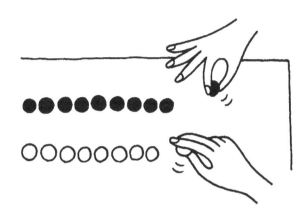

Ⓓ おはじき並べ

「よーいドン」の合図
でおはじきを横に1個
ずつ並べていく。制限
時間を決め、時間内に
多く並べた方が勝ち。
ペアになってやっても
よい。

Ⓔ ビー玉ゴロゴロ

ビー玉3〜5個を手のひ
らの下に置いて、ゴロ
ゴロ動かしてみる。片
手ずつ行う。

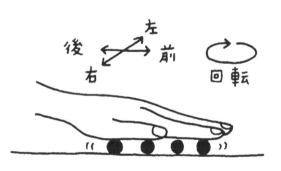

ビー玉が多すぎて手からはみ出さないように。

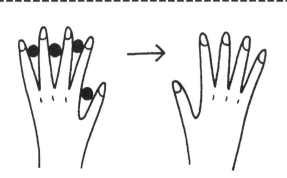

Ⓕ ビー玉はさみ

指の間にビー玉をはさ
み、20秒ほどそのまま
にする。片手ずつ行う。

痴呆を防ぐための手指あそび

手と脳を刺激しよう

🖐 粘土でアーティスト

両手を使ってしっかり粘土をこねて、いろいろな形をつくってみましょう。できあがった作品を見せ合って、品評会をするのも楽しいですね。

［用意するもの］
粘土、粘土板、手ふき用のおしぼり
［人数］
1人から（大勢の方が楽しい）
座ってテーブルの上で行う

> 食べ物ではないことをしっかりと認識させ、手についた粘土を口にしないように注意しましょう。

① 粘土をちぎってお団子にする。小、中、大といろいろな大きさにし、指の感覚をつかむ。職員の合図で形を決め、つくる。

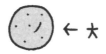 ← 大

 ← 中

 ← 小

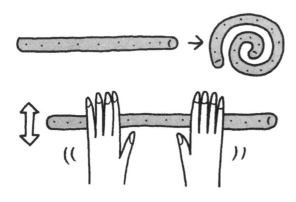

② 手のひらで粘土をのばし、細く長い棒状の形をつくる。右巻き、左巻きをつくってみる。
【ゲーム】
制限時間内に、いちばん長くした人、いちばん細くした人が勝ち。

③ **いろいろな形をつくる**
動物、くだもの、野菜など、自由にいろいろな形をつくってみる。

④ **身近なものの形をつくる**
粘土の扱いに慣れてきたら、お皿、コップ、フライパン、ハンドバッグなど、身近な食器や調理器具などをつくってみる。絵の具で色を塗ってもよい。

> みんなでつくって、できあがったものを見せ合い、どれがよくできているかなど、言い合いましょう。

手と脳を刺激しよう

🖐 そろばんパチパチ

親指と人さし指を細かく動かして、そろばんの珠(たま)を上げ下げします。つめを切り、手をよく暖めてからやってみましょう。

［用意するもの］
そろばん（1人1丁）
［人数］
1人から（大勢の方が楽しい）
座ってテーブルの上で行う

始める前に、そろばんを持ってカチャカチャ音をたてたり、珠の上で手のひらをすべらせて、感触を楽しみましょう。

① **そろばんに慣れる**
梁(はり)と五珠（いちばん上の珠）の間に人さし指を入れ、左右に行ったり来たりする。

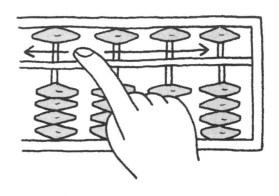

② **珠を上げる**
珠をすべて下に下げ、いちばん右の段から、「1円なーり」「2円なーり」と声を出しながら、珠を1つずつ上に動かしていく。1列目が終わったら2列目へ。

③ **珠を下げる**
上に上げた珠を、「引いては1円なーり」と声を出しながら、今度は1つずつ下げていく。1列目が終わったら2列目へ。

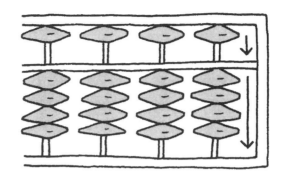

④ **たし算・ひき算をやってみよう**
職員と一緒に、簡単なたし算、ひき算を練習してみよう。
「ねがいましてーはー、1円なーり、5円なーり、20円なーり、引いては3円では」

手と脳を刺激しよう

ヨーヨーや毛糸で遊ぼう

昔よくやったヨーヨーや、毛糸を使って遊びましょう。ⓒで毛糸を巻いたびんは鉛筆立てなどとして使うのもいいですね。たてや斜めに巻いて、デザインも楽しんでください。

[用意するもの]
ヨーヨー、毛糸（極太／5色くらい）、びん（または缶、ラップの芯）、のり

[人数]
1人から（大勢の方が楽しい）
立ってでも座ってでもよい

毛糸を口に持っていかないように注意しましょう。毛糸を巻くときは、片方の手首だけが疲れないように、持ちかえてやるとよい。

Ⓐ ヨーヨー遊び
糸輪を指にはめ、何回か上下させる。左手、右手と、交互にやってみよう。

腕の上下運動で肩に力が入りやすいので、終わったら肩をもみましょう。

【グループ競争】
みんなで輪になって、1人ずつ10回上下し、次の人に渡していく。「1、2、3…」と、みんなで10まで数えよう。

Ⓑ 毛糸あそび

適当な長さに切った毛糸を3本か6本用意し、三つ編みをする。長さを決めてもいいし、好きな長さまでやってもよい。

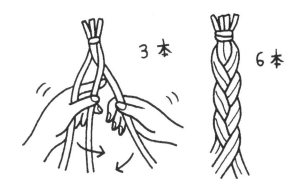

Ⓒ 毛糸巻き巻き

用意したびんや缶、ラップの芯などから好きな材料を選び、自分の好きな色の毛糸を巻いていく。1本でも2本でもよい。下地にのりなどをつけて、毛糸がはがれないようにする（のりは使っても使わなくてもよい）。

編みものができる人は、マフラー、ひざ掛けなどをつくってみよう。編み棒には注意すること。

痴呆を防ぐための手指あそび

手と脳を刺激しよう

✋ 切って結んでハサミあそび

片手でハサミを使う場合も、両手でひもを結ぶ場合も、どちらも細かい神経が要求されます。リラックスして、楽しみながらやってみましょう。

[用意するもの]
画用紙、ハサミ、ペン、ビニールひも

[人数]
Ⓐ Ⓑ 1人から　Ⓒ 1グループ10人で数グループつくる
座ってテーブルの上で行う

> ハサミを使うときは、扱いに注意し、職員が必ずそばについているようにしましょう。

Ⓐ 職員が画用紙に適当な大きさの絵を描いておく。絵の形に沿って、ハサミで切り抜く。自分で絵を描いて切り抜いてもよい。

Ⓑ ①○△□☆などが描いてある紙を用意しておき、形に合わせて切り抜く。

②①で描いた紙を見ながら、白紙の紙を下絵なしで切っていく。

C ①1グループ10人で、数グループつくる。
②はじめに職員が30cmのビニールひもの見本を配る。見本を見ながら、各自ひもを同じ長さに切っていく。
③「よーいドン」の合図で、切ったひもを1本ずつ結んでつなぎ、長い1本のひもにする。制限時間内にどのチームがいちばん長くつなげたかを競う。

ひもを切るとき、ひもを結ぶときは、あわてずゆっくりやるようにしましょう。

痴呆を防ぐための手指あそび

手と脳を刺激しよう

✋ さわってさわって、これな〜に？

目かくしをして、さわった物が何かを当てるゲームです。手の感覚だけを頼りにがんばって！ はじめは身近にあるわかりやすい物からやってみましょう。

[用意するもの]
タオル（目かくし用）、当てる物（人数分）
[人数]
1グループ5〜6人で数グループつくる
テーブルの上で行う

小さすぎる物、ヌルヌルする物、とがった物などはやめましょう。

① くだもの、野菜、食器、身につけるものなど、形に特徴のある身近な品物を用意しておく。

② グループごとにテーブルの前に並ぶ。最初の人が目かくしをしたら、各グループに1個ずつ、職員がテーブルの上に品物を置く。

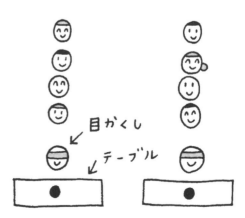

③ 「よーいドン」の合図で、テーブルの上の物をさわって、それが何かを当てる。形、大きさ、肌ざわりなどから想像する。

④ 1人ずつ順番に行う。当たったら1点で、グループ全員の合計点で勝敗を競う。当たったらみんなでほめて、盛り上げよう。

急がせず、ゆっくりさわって確かめる時間を与えましょう。

痴呆を防ぐための手指あそび

手と脳を刺激しよう

🖐 ことばを書いてみよう

「あ」ではじまることば、「い」ではじまることば、いくつ思い出せますか？ 自分はどのくらいもの知りなのでしょうか。さあ、落ちついて思い出してみましょう。

[用意するもの]
A4サイズの紙（多めに用意する）、ペン

[人数]
1グループ5人で2グループつくる

ことばを思い出したり教え合ったりすることで、脳の活性化を図ります。ことばをたくさん書けた人には拍手してほめてあげましょう。

① 「あ行」から「わ行」のうちどれか1行を職員が選ぶ。紙1枚に1文字を書き、1人に1枚配る（2グループとも）。

例：「さ行」でやる場合

② 書かれている文字がはじめにつくことばを、各自思いつく限りすべて書く（制限時間は5分）。2グループ同時に始める。

③ Aグループの「さ」の紙とBグループの「さ」の紙を、みんなで読み合う。同様に「し」〜「そ」まで読み合う。2回目は「あ行」、3回目は「ま行」などとつづけてもよい。

2グループで同じことばもあれば、ちがうことばも出てくるので、いろいろなことばを思い出したり、教え合ったりして楽しもう。

料理などの名前が出てきたら、その料理について話し合うなど、出てくることばによって話を広げていきましょう。

みんなで俳句

手と脳を刺激しよう

5・7・5のグループにわかれ、みんなで1つの俳句をつくるゲーム。ことばを出し合うことで脳のはたらきを活性化し、笑ったり感心したりすることで心身をリラックスさせる効果もあります。

[用意するもの]
模造紙、ペン、セロハンテープ

[人数]
30〜40人。俳句の5・7・5に合わせ、1チームを3つのグループにわけ（各5〜6人）、2チームをつくる。

みんなでことばを出し合うことで、いろいろなことばをおぼえられ、グループの連帯感も高まります。

グループごとにテーブルの回りに座る

① 【準備しておこう】
黒板や壁に模造紙を貼り、そこに書きこんでいく。

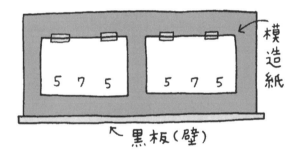

② 職員が出すテーマ（例「春」など）に基づき、自分のチームの字数を考えながら、みんなでいろいろな句を出し合う。グループごとに、それぞれのパートの句をつくる。考える時間は5〜10分。字余りはあってもよい。

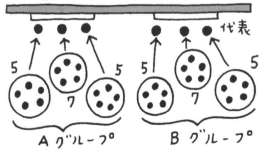

職員は、みんなのようすを見ながらアドバイスしていく。

③ 制限時間が来たら、各グループのリーダーが前に出て、職員の合図でいっせいに、自分たちのつくった句を模造紙に書く。

1人ずつ書くよりもいっせいに書いた方が、隣の人がどんなことばを書いたかわからなくておもしろい。

④ 書き終えたら、職員が5・7・5の句を合体させて1つの俳句を読み上げる。俳句らしく仕上がっていれば拍手をし、俳句らしくないときは笑いをとって、みんなで俳句づくりの雰囲気を楽しむ。できあがった俳句作品は、みんなで声を出して読んでみる。

【2回目からは…】
テーマを変えて行う。5・7・5のほかのパートになるようグループを移動しよう。また、リーダー役は順番につとめるようにする。

手と脳を刺激しよう

なげなわボールはこび

なわで引っぱりながら、何個紙ボールをゴールまで持ってこれるかを競うゲームです。手首、腰、足に十分注意して、ゆっくりとはこびましょう。準備運動も忘れずに。

[用意するもの]
なわとびのなわ（1グループに1本）、握りこぶし大の紙ボール（1グループに10〜15個）

[人数]
1グループ5〜6人。立位のグループ、車椅子のグループにわかれて行う。

うしろ向きに進むので、あわてないようにゆっくりやりましょう。

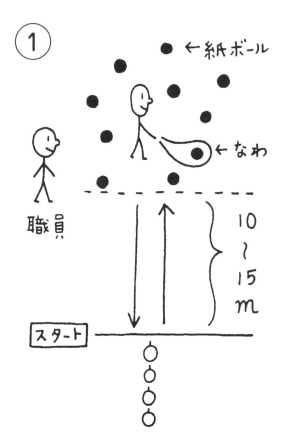

立位のグループ

「よーいドン」でスタート。なわとびのなわを1本持ち、紙ボールのあるところまで進む。ボールにひもをかけて、ゆっくりとゴールまで引きずってくる。ボールは1個だけでもいいし、できる人は2〜3個まとめて持ってきてもよい。

※手首をうまく使い、なわを引っぱる強さなどを考えながら、こぼさないようにする。
※体をかがめるので、腰が痛くなるようなら長いなわに換える。

紙ボールのつくり方

新聞紙を握りこぶし大の大きさに丸め、回りをカラーテープでとめる。

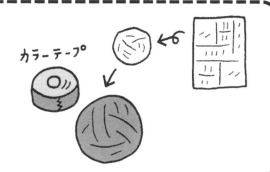

② 車椅子のグループ

スタート地点より前に進み、紙ボールの前に止まり、なわを投げて紙ボールにかける。ゆっくりと下がりながら、なわを引いていく。途中、なわからボールがこぼれたら、車椅子を何回か移動しながら、なるべく1個は取れるようにしよう。いくつボールが取れたか、お互い見せ合おう。

※腕が伸びず、なかなかボールをかけられない人は職員がかけてあげる。

車椅子は必ず職員が押してあげるようにしましょう。

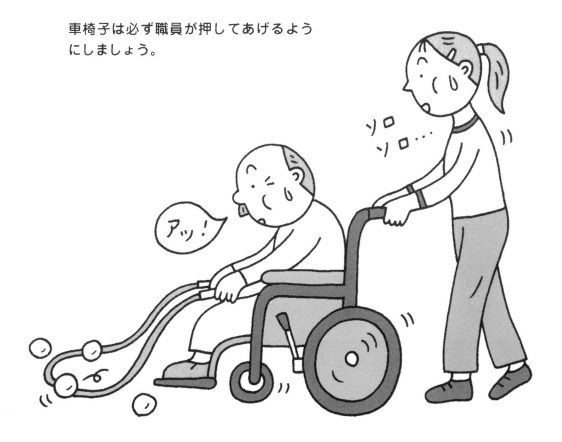

痴呆を防ぐための手指あそび

足元から若返ろう

足指を使って機能を活性化

ドレミのかけ声に合わせて足を移動するあそびです。1歩ずつしっかりと踏んでいきましょう。タンバリンやカスタネットなどでリズムをとると、足の動きもよくなり雰囲気も楽しくなります。

[用意するもの]
B5くらいの大きさの用紙に「ドレミファソラシド」と書いて丸く切る。セロハンテープ、タンバリンやカスタネット

[人数]
何人でも。立って行う

必ず職員が近くにいて、すぐに手助けができるようにしておきましょう。

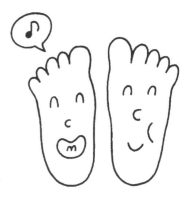

 ①「ド」の位置に左足を乗せ、その足を軸にして、右足で「レ〜シ」を踏む。職員が「ミ」「ソ」など任意の音階を言うようにする。足を交代して行う。
②慣れてきたら歌に合わせて踏んでいく。

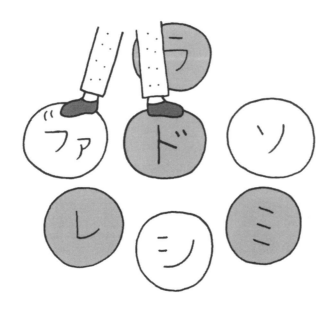

「ド」のカードを中心に、「レ〜シ」を図のように並べ、床に貼る。カラーテープで文字を貼ってもよい。間隔は歩幅程度に。

Ⓑ ①「ド」の位置に右足を乗せ、右足はそのままで、左足を前から「レ」の位置へ動かす。
②右足は後ろを通って「ミ」の位置へ。
③同じように移動していく。

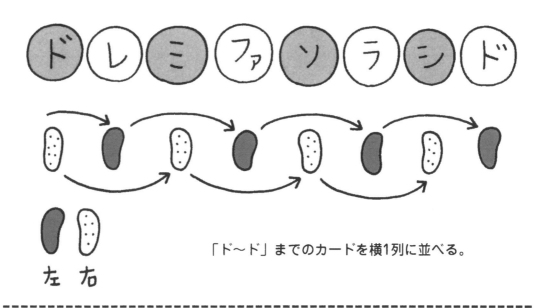

「ド〜ド」までのカードを横1列に並べる。

Ⓒ【1回目】「ド〜ファ」まで、少しかかとを上げて歩いていく。「ソ〜ド」までは、かかとをつけてぺたぺた歩いていく。【2回目】高い「ド〜ソ」まではかかとを上げて歩き、「ファ〜ド」まではかかとをつけて歩く。

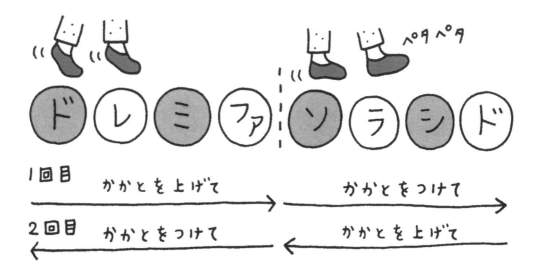

足指・足裏の健康体操

足元から若返ろう

足の指を動かしてみよう

いつも何気なく使っている足の指をまげたり立てたり、指先で物を送ったりころがしたりと、集中して足を動かしましょう。身体がポカポカと暖かくなりますよ。

［用意するもの］
入れ物、ボール（中・大）、お手玉、タオル、ハンカチ、ペットボトル、小豆などを入れたビニール袋
［人数］1人から5〜6人のグループ
座って行う

> 休みながら、ゆっくり何回もやってみましょう。

① 足指を動かす

足を立て、指先を丸めて床をトントンたたく。

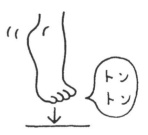

足指を反らせて、指の裏がわで床をトントンたたく。

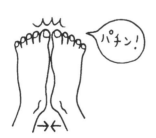

左右の足指をぶつけ合う。

足を上下に重ねてこすり合わせる。

② ひざから下を伸ばす・下ろす

ひざから下を水平に伸ばし、足指を立てたりまげたりして下ろす。足首も一緒に伸ばしたりまげたりしながら行う。右足・左足ともに。

③ 足指で物をつかむ

足元にハンカチやタオルなどを置いておき、足指でゆっくりとつまみあげる。左足、右足ともに、いろいろな物をつかむ。

ハンカチ、タオル、ボールペン、消しゴム、ポケットティッシュ、お手玉など

④ **足指で物をはこぶ**
横にかごのような入れ物を置いておく。③でつかんだ物を、この入れ物の中に入れる。右足、左足の両方でやってみよう。
※足指でつかんだ物を、手で受け取ってもよい。

⑤ **ペットボトルでゴロゴロ**
足の下に少し水を入れたペットボトルを置いて、ゴロゴロころがす。片足ずつでも、両足で行ってもよい。

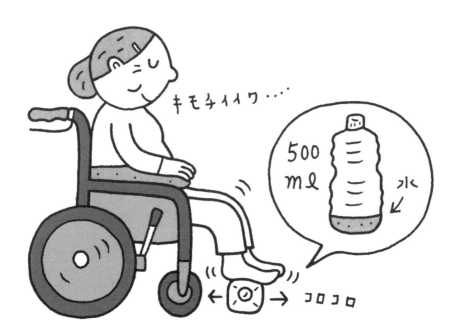

グループで

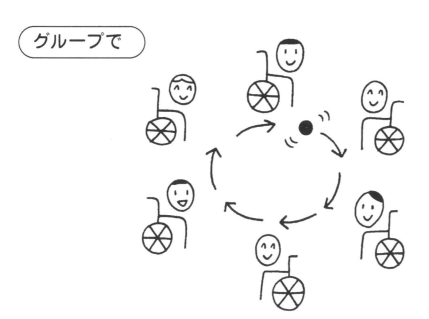

足でボールはこび
椅子に座って輪になる。足先でボールをころがしながら隣の人の足元に送る。隣の人は足元でボールを受けとる。左回り、右回りなど、順番を決めて隣の人に足でボールを渡していこう。

ペアで

ビニールの小さい袋に、小豆・大豆などを入れてしばっておく。

足でパス
お互い向き合って座り、片方の人が足指で小豆の入った袋をつかみ、相手に渡す。相手も足指でつかんで受けとる。
※足首を使って、足先を持ち上げるように指導する。

足指・足裏の健康体操

足元から若返ろう

寝たまま足指・手指体操

ペットボトルやラップの芯、バスタオル、毛糸などを使って、横になっていても簡単にできる体操を紹介します。ストレスを解消でき、リハビリ効果も上がるでしょう。

[用意するもの]
ラップの芯、ペットボトルのフタを入れたビニール袋、ペットボトル、タオル、毛糸玉、紙

[人数] 1人から
横になって行う

足の裏や指の間を刺激することで、血行がよくなり、身体の調子がよくなります。

ここがポイント
●両足・両手同じように行いましょう。
●ゆっくりと、無理をしないで動かしましょう。
●1日2回くらいやりましょう。

足裏の体操

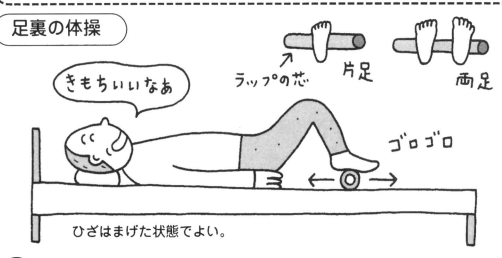

ひざはまげた状態でよい。

① 土ふまずの下にラップの芯を置き、ゴロゴロ前後に動かす。片足ずつ、または両足を乗せて行う。

> 足裏の体操

② ペットボトルのフタをたくさん入れた袋をつくっておく。足を乗せて、足の裏でゴロゴロさせる。上からトントン踏んでもよい。

> 上腕の体操

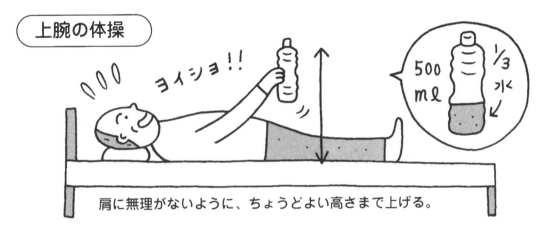

肩に無理がないように、ちょうどよい高さまで上げる。

③ 500mlのペットボトル（水を3分の1入れたもの）を手に持ち、上下に動かす。片方ずつ、ゆっくり5回行う。

> 上腕の体操

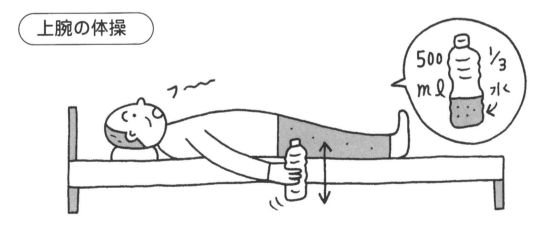

④ ペットボトルを手に持ち、ベッドサイドの幅を中心に、上下にゆっくりと動かす。片方ずつ、ゆっくり5回行う。

ひざ下の体操

⑤ ベッドに腰かけ、ペットボトルを両足の間にはさみ、ゆっくり上下に動かす。無理をしないように、足が上がるところまででやめる。

足裏の体操

⑥ 片方の足の裏にバスタオルを当て、両手でタオルの先をつかみ、ゆっくりと胸の方に引き寄せる（片方ずつ各5回くらい行う）。

足首・足指の体操

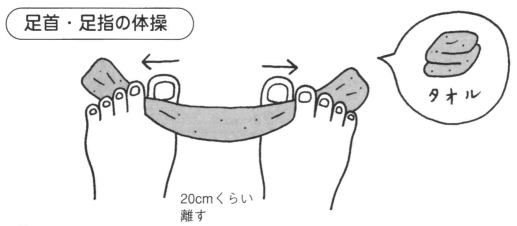

⑦ 両足の親指と人さし指の間にタオルをはさみ、両足で引っぱり合う。ゆっくり時間をかけ、10回くらい行う。

> 手首の体操

左手に巻くときは、右手だけ使って巻く（左手は動かさない）。

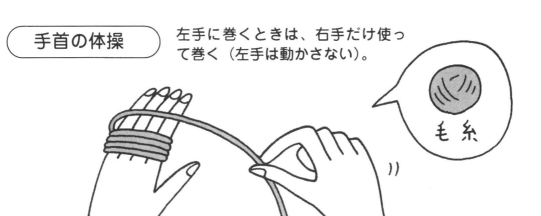

⑧ 親指以外の4本の指に毛糸を巻いていく。
※強く巻きすぎないように注意する。

> 足首・手首の体操

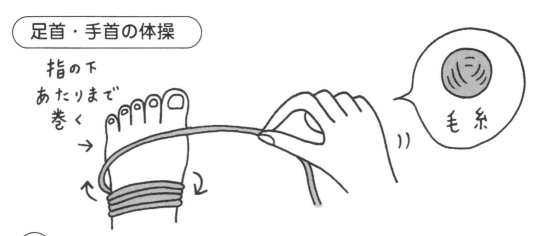

⑨ 足に毛糸を巻いていく。巻きやすいように足首も回す。

> 足首・足指の体操

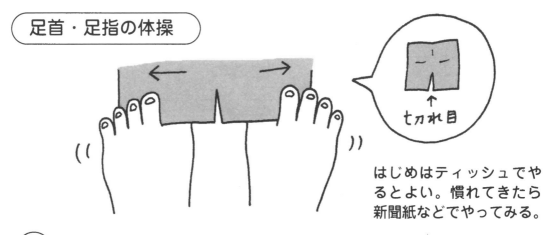

はじめはティッシュでやるとよい。慣れてきたら新聞紙などでやってみる。

⑩ 両足の親指と人さし指の間に紙をはさみ、ちぎる。紙はちぎりやすいように切れ目を入れておく。

足元から若返ろう

足ぶみウォーキング

ラップの芯を床に置き、その上を土ふまずでしっかり踏んで、1歩1歩ゆっくり歩きます。身体の血行をよくしましょう。

[用意するもの]
ラップの芯（15〜25本）。芯はガムテープなどで床に固定しておく。

[人数]
10人くらい
立って行う

> 素足で行いましょう。あわてないで、ゆっくり。1歩1歩踏みしめるように歩いていきましょう。

素足で…
土ふまずでしっかり！

A 「行き」は、右足の土ふまずでラップの芯をしっかり踏み、左足で床を踏みながら、ゆっくりと歩いていく。「帰り」は、足を交代して同じように歩いてもどる。

1人ずつ順番にスタートし、「行き」が終わったら、次の人がスタートする。

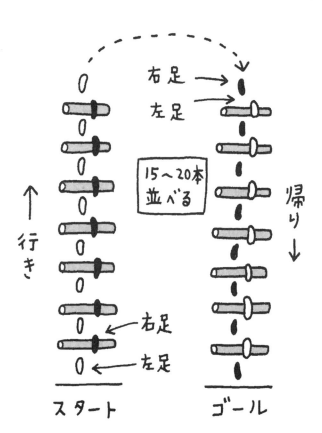

15〜20本並べる

行き　帰り
右足　左足
スタート　ゴール

84

Ⓑ 芯は、普通の歩幅くらいの間隔になるよう並べておく。

右足、左足とも土ふまずでしっかりラップの芯を踏みながら歩いていく。

ラップの幅がせますぎる人は、1つ飛び越してもよい。

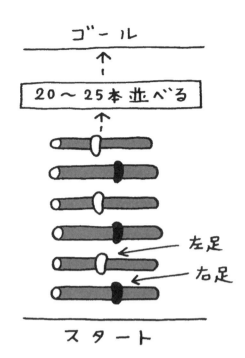

足元をよく見て、ゆっくり急がせないように行わせる。

ここがポイント
- 芯がへこんで足裏への刺激がなくなったら、芯をとりかえましょう。
- 靴や靴下は脱いで、素足で踏みましょう。靴下をはいているとすべりやすく、素足の方が足ぶみの効果が高まります。
- 必ず職員がつき、芯につまづいたりよろけたりしないように注意しましょう。

足指・足裏の健康体操

足元から若返ろう

ドレミで足ぶみ健康体操

ラップの芯を音階どおりに並べ、ピアノの鍵盤の上を歩いているような感覚で、ゆっくりと土ふまずを刺激しながら歩きます。みんなで声をかけ合いましょう。

[用意するもの]
ラップの芯（40〜50本）。カラーテープを巻くなど、カラフルにしても楽しい。紙、ガムテープ、ハーモニカなど
[人数] 何人でもよい
立って行う

職員が手拍子をしたり楽器を使ったりして、お年寄りに一緒にやっているという気持ちを持たせましょう。

始める前に…
【Ⓐ片足ぶみ】【Ⓑたてぶみ】【Ⓒ両足ぶみ】を説明しておこう。

Ⓐ片足ぶみ　　　Ⓑたてぶみ　　　　　Ⓒ両足ぶみ

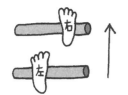 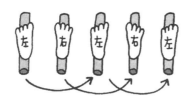 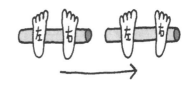

ここがポイント
● 足元を見ながら芯を土ふまずでしっかりとらえ、ゆっくり踏んでいくようにしましょう。
● 芯を踏んで、つまずかないように職員が必ずそばについていること。
● 親しみやすい音楽をかけたり、歌をうたいながら踏んでも楽しい。
● 靴や靴下は脱いで、素足で踏みましょう。靴下をはいているとすべりやすく、素足の方が足ぶみの効果が高まります。
● 芯がへこんで足裏への刺激がなくなったら、芯をとりかえましょう。

Ⓐ 片足ずつ交互に踏んでみよう

芯の並べ方
図のように、床に芯を歩幅の間隔に並べ、ガムテープで固定する。芯の横に「ド・レ・ミ…」の音階名を書いた紙を置いておく。

遊び方
ピアノを弾いているような感じで芯を踏んでいく。1人ずつ順番にスタートし、見ている人みんなで、大きな声で「ド〜レ〜ミ〜」とうたいながら雰囲気を楽しく盛り上げよう。高いドまで進んだら、うしろを向いたまま、「ド〜シ〜ラ〜」と下がっていく。

Ⓑ たてぶみしよう

芯の並べ方
図のように、床に芯を並べ、ガムテープで固定する。芯と芯の間隔は女性の肩幅よりも少しせまくとる。芯の横に「ド・レ・ミ…」の紙を置く。芯の上にも書いておく。

遊び方
進行方向に対して体を横向きにし、横に移動しながら、土ふまずをしっかり芯の上に乗せて踏んでいく。「ド」は左足、「レ」は右足、「ミ」は左足というように、左足、右足と足を交差させながら踏んでいく。高い「ド」まで行ったら、同様にしてもどる。

Ⓒ 両足で踏んでみよう

芯の並べ方
図のように、芯は2列にして並べ、ガムテープで固定する。芯の前に「ド・レ・ミ…」の紙を置く。向かい合う芯の間隔は女性の歩幅より少しせまくとる。

遊び方
楽器の音階に合わせて、みんなで声を出しながら、両足の土ふまずで芯をしっかり踏んで移動する。遠い場所へ移るときは、床を歩いて移動する。

足指・足裏の健康体操

ラップの芯でジグザグレース

足元から若返ろう

ラップの芯を並べたコースをジグザグに歩くゲームです。Ⓐ では2チーム対抗のレースを、Ⓑ では少人数でもできる方法を紹介します。ゴールしたらみんなで拍手で迎えましょう。

[用意するもの]
ラップの芯、トイレットペーパーの芯（なるべくたくさん）、壁（ついたて）、ガムテープ

[人数]
大勢の方が楽しい
立って行う

> 芯の数や距離はフロアの広さに応じて決めればよい。体力に応じて途中でやめてもよいとする。

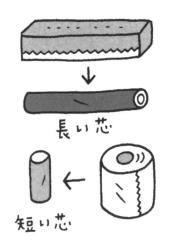

長い芯
短い芯

Ⓐ 芯の並べ方
芯をたおして、長さのちがう芯を横長に置いたりたて長に置いたりして、適当な間隔に並べておく。

遊び方
紅チーム→Aコースから出発してBコースへ行く。白チーム→Bコースから出発してAコースへ行く。「よーいドン」で両チームとも出発し、芯にぶつからないように間をぬって歩いていく。早くゴールした方が勝ちだが、芯をたくさん通り抜ける人もいるので、順位は決めなくてもよい。折り返し地点まで行ったら、次の人がスタートする。

Ⓑ 芯の並べ方
短い芯、長い芯を適当な間隔に立てて並べる。

遊び方
1人ずつ行い、立ててある芯にぶつからないように間をぬって歩いていく。

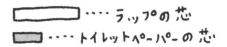
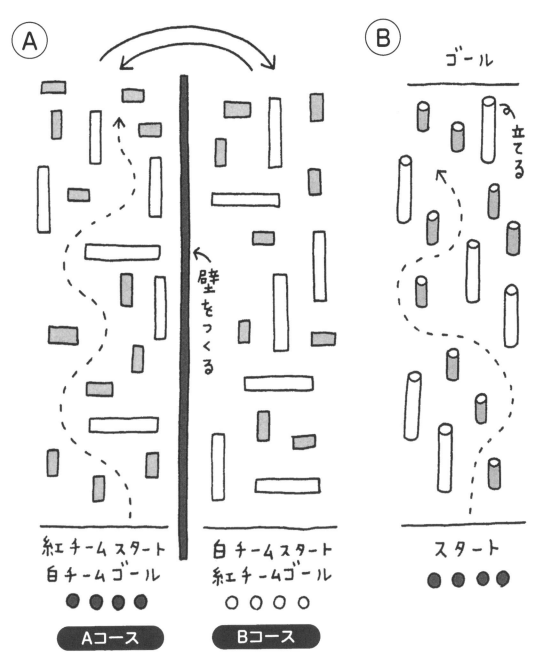

※スカートのすそなどが邪魔にならないように、動きやすい服装を心がける。
※つまずいてころばないように、職員がついているか、お年寄りの行く方向に手を引いてもよい。

風船はこび

足元から若返ろう

前の人から順番に、足や手で風船を次の人に渡していくゲームです。手足を十分に使うので、手首、足の準備運動をしっかり行ってからやりましょう。

［用意するもの］
風船（1グループに1個）

［人数］
1グループ6～7人
Ⓐ→床に座って行う
ⒷⒸ→立つか車椅子に座って行う

「よーいドン」の合図でスタート。早く最後の人まで風船が渡ったら勝ち。

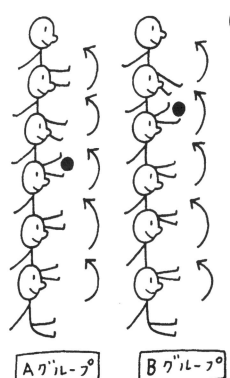

Ⓐ 風船はグループに1個用意する。グループは何組でもよい。各グループ1列になり、おしりをつけて座り、足を前に出す。
① 前の人が風船を足先ではさみ、隣の人に風船を渡す。
② 渡された人も、足先を使ってゆっくりと風船をはさんで受け取り、また隣の人に足で渡していく。足が不自由な人は手を使ってもよい。

少し力を入れないと風船が離れていってしまうので、足の指先にまで力を入れるようにしましょう。

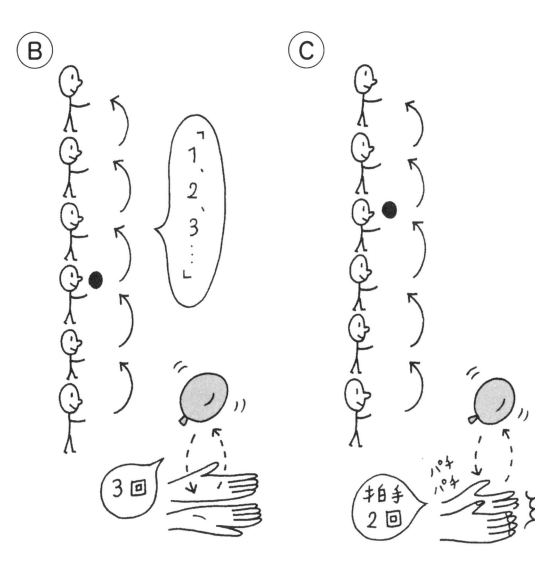

立位、車椅子の人などでグループをつくる。
両手の手のひらを上にし、風船を3回打ったあと、落ちてきた風船をキャッチして、隣の人に渡す。

「1、2、3…」とみんなで数えてあげるとよい。

風船が遠くに飛んでいったら、職員が拾ってあげる。

風船を両手で高く打ち上げ、拍手を2回する。風船が落ちてきたら両手でキャッチし、次の人に渡していく。

※ゲームの前に、風船を高く上げる練習をしておく。
※拍手2回が無理なら1回でもよい。
※立位の人も疲れるようなら座ってやってもよい。

足指・足裏の健康体操

本書は、2003年2月小社より刊行された単行本を大判化し新装版にしたものです。

プロフィール

原田律子（はらだ りつこ）

福岡県生まれ。故人。
日本女子体育大学体育学部卒業。
中学校1級、高校2級保健体育教諭教員免許／スポーツテスト判定員（日本体育協会）／
応急手当普及員（東京消防庁／日本陸上競技連盟A級公認審判員
日本リハビリテーション専門学校、日本福祉教育専門学校、多摩リハビリテーション学院、
関東リハビリテーション専門学校で、体育理論と実技を指導。

著書 『リハビリテーションを学ぶあなたへ』（教育史料出版会）『高齢者のレクリエーション
＆健康ゲーム』『高齢者も楽しい 車椅子でできる健康体操』『高齢者の疾病別リハビリ
体操』（以上、いかだ社）など

本文イラスト●はやしゆうこ
カバーイラスト●種田瑞子
本文デザイン●杉本礼子

新装版 高齢者の手あそび・指あそび＆足体操

2018年12月25日　第1刷発行

編著者●原田律子ⓒ
発行人●新沼光太郎
発行所●株式会社いかだ社
〒102-0072 東京都千代田区飯田橋 2-4-10 加島ビル
Tel.03-3234-5365　Fax.03-3234-5308
E-mail info@ikadasha.jp
ホームページ URL http://www.ikadasha.jp
振替・00130-2-572993
印刷・製本　モリモト印刷株式会社

日本音楽著作権協会（出）許諾第 1812648-801 号
乱丁・落丁の場合はお取り換えいたします。
Printed in Japan
ISBN978-4-87051-507-9
本書の内容を権利者の承諾なく、営利目的で転載・複写・複製することを禁じます。

関連書のご案内

高齢者10000人が選んだ うたいたい歌

カラオケ30曲 CD付き

大石亜由美/編著　B5判各80ページ●各本体2,500円+税

介護現場の声に応えた「すぐに使える」シリーズ!!

- ●回想をうながす活動で認知症予防！
- ●大きな文字で見やすい歌詞
- ●世代と時代を超えて愛される歌全36曲（カラオケ30曲）収録。
- ●高齢者が無理なくうたえる音域に配慮したアレンジ
- ●伴奏はもちろんBGMとしても活躍。
- ●高齢者の意欲を引き出す声かけや導入。
- ●音楽を生かしたレクリエーション活動や手足の運動などを多数収録！

心にしみる 懐かしの歌・四季の歌

収録曲[全36曲／★:カラオケ付き]

【懐かしの歌】★故郷／★青い山脈／★川の流れのように／★北国の春／★瀬戸の花嫁／★愛燦燦／★高校三年生／★星影のワルツ／★ここに幸あり／★影を慕いて／★知床旅情／★浜辺の歌／★琵琶湖周航の歌／★旅愁／★浜千鳥／★早春賦／★カチューシャの唄／★埴生の宿／★我は海の子／★冬景色

【四季の歌】★荒城の月／さくらさくら／★春の小川／★朧月夜／★みかんの花咲く丘／うみ／ほたるこい／茶摘／赤とんぼ／★里の秋／四季の歌／★紅葉／★見上げてごらん夜の星を／★湖畔の宿／★ともしび／★ふじの山（富士山）

童謡・唱歌・わらべうた 民謡・外国の歌

収録曲[全36曲／★:カラオケ付き]

★赤い靴／春よ来い／★ズンドコ節（海軍小唄）／ゴンドラの唄／★あおげば尊し／★叱られて／★港が見える丘／かごめかごめ／★七つの子／★ローレライ／★竹田の子守唄／★アメイジング・グレイス／★黒田節／★ずいずいずっころばし／春が来た／★十九の春／★ソーラン節／★箱根八里／★炭坑節／★あの町この町／ゆりかごのうた／★牧場の朝／あんたがたどこさ／★こいのぼり／★野中の薔薇（野ばら）／通りゃんせ／★砂山／★あめふり／★村の鍛冶屋／★証城寺の狸囃子／★みどりのそよ風／★きよしこの夜／★兎のダンス／★靴が鳴る／★仲よし小道／★アロハ・オエ

関連書のご案内

色えんぴつや絵の具で気軽に描ける
大人が楽しむはじめての塗り絵

大人の塗り絵は、脳の活性化に効果があり、
ボケ防止や認知症などの予防、回顧療法に有効です。

四季の花
おくださがこ/絵と文
A4変型判88ページ
本体1,300円+税

北海道の旅
イマイカツミ/絵と文
A4変型判56ページ
本体1,200円+税

高尾山の草花
おくださがこ/絵と文
A4変型判88ページ
本体1,300円+税

大阪の風景
あずまみちこ/絵と文
A4変型判56ページ
本体1,200円+税

春夏の花と実
あいきもりとし/絵と文
A4変型判64ページ
本体1,300円+税

九州の四季彩
立川眞澄/絵と文
A4変型判60ページ
本体1,200円+税

秋冬の花と実
あいきもりとし/絵と文
A4変型判64ページ
本体1,300円+税

カラー完成図をお手本に、1枚ずつ切りとって
すぐに塗り絵が楽しめます。全作品カラー見本付き。

塗り絵初心者にオススメです！